L'INDUSTRIE

DE LA

SAVONNERIE

A MARSEILLE

ÉTUDE LOCALE

PAR

P. MAZIÈRE

MARSEILLE

TYPOGRAPHIE MARIUS OLIVE

RUE SAINTE, 39

1876

L'INDUSTRIE

DE LA

SAVONNERIE

A MARSEILLE

ÉTUDE LOCALE

PAR

P. MAZIÈRE

MARSEILLE

TYPOGRAPHIE MARIUS OLIVE

RUE SAINTE, 39.

1876

L'INDUSTRIE

DE LA SAVONNERIE

A MARSEILLE

I

Un sentiment involontaire entraîna toujours les hommes à la découverte des objets propres à rendre leur existence supérieure à celle des animaux.

En effet, ceux-ci se contentent de ce que la nature leur donne, tandis que les hommes, toujours préoccupés des perfectionnements qu'ils peuvent apporter à leur état social, étudient cette nature dans ses trois règnes, et par des combinaisons artificielles parviennent à obtenir des substances qui leur sont utiles soit pour leur nourriture, soit pour la conservation de leur santé, soit encore pour donner à leurs habitations toutes les commodités voulues, tout le luxe désirable, enfin pour blanchir leurs vêtements et leur donner la grâce et la fraîcheur. C'est le résultat de la civilisation.

Dans toutes les contrés du monde, on rencontre cette soif de découverte que Dieu a si bien partagé aux hommes. Il n'est pas jusqu'au sauvage qui. s'apercevant de sa nudité, ne cherche à se couvrir et à parer son corps. Les écrivains qui se sont occupés des peuples Orientaux nous en font les récits les plus curieux et les plus variés. Mais la preuve évidente de cet instinct naturel, est surtout remarquable chez les peuples Méridionnaux, quand on considère le développement produit dans leur industrie, la marche progressive qu'ils ont continué dans la science, en allant chaque jour de merveilles en merveilles, de découvertes en découvertes.

C'est ainsi qu'autrefois les vêtements étaient

rendus à la fraicheur première par le moyen des terres grasses, des argiles, ou de diverses substances végétales, tandis qu'aujourd'hui le savon a remplacé tous ces moyens différents ne faisant, en quelque sorte, que suppléer à ceux apportés de nos jours par cette matière si considérée qui a donné naissance à une des plus grandes industries de la France, la fabrication du savon.

Jalouses de voir les bénéfices rapportés par nos produits, toutes les nations ont essayé de fabriquer du savon, chacune a tenté d'y apporter quelque méthode nouvelle, et néanmoins Marseille a toujours gardé le premier rang dans cette fabrication, et l'Europe entière fait usage des savons sortis de nos usines.

Cet art merveilleux du savonnier remonte à une époque assez reculée : on ne saurait pourtant fixer de date précise, à cause des préparations diverses apportées, suivant les époques, dans la composition d'un corps graisseux capable de rendre la blancheur et la propreté au visage ou aux vêtements.

Cette composition que les archéologues ne peuvent définir, mais qui cependant a bien quelque analogie avec celles employées actuellement dans la savonnerie, était connue sous des noms différents, suivant l'usage qu'on en faisait. On l'indiquait sous le nom de savon Germanique, savon Gaulois, écume batave ou écume caustique.

A Rome, on s'en servait comme cosmétique. Les dames patriciennes le recherchaient avidement et l'achetaient fort cher, afin de donner le lustre et la couleur à leurs longues chevelures. Les hommes efféminés, les poseurs de l'époque, les coureurs de femmes que l'on remarquait toujours aux cirques ou dans les bains, usaient aussi de ce cosmétique pour mieux dérober aux yeux leurs cheveux gris et leur rides naissantes; ils avaient recours à cet art ridicule et trompeur pour s'attirer les regards et les faveurs des petites maîtresses, réparant ainsi les outrages du temps et la fuite des grâces, tout comme ces dames cachaient à force de fards et de parfums les marques qu'empreignaient, chaque jour, sur leurs visages, les veilles prolongées et les plaisirs de l'amour trop souvent répétés.

C'est ce que nous avons lu maintes fois dans les œuvres de Pline, c'est ce que Quintus Serenus, Valère Maxime, Galien et d'autres écrivains de l'antiquité ont dit tour à tour: *Sic Romanæ feminæ rutilarunt capillos*. « C'est ainsi que les femmes romaines donnaient de l'éclat à leur chevelure... »

Plus tard la médécine s'empara de cette découverte et la perfectionna encore pour s'en servir dans les maladies nombreuses qui accablent l'humanité. Bientôt on vanta si fort son efficacité que le savon servit non-seulement pour les maladies, mais encore commença à s'introduire dans toutes les maisons remplaçant très-avantageusement l'urine et le nitre dont les anciens se servaient en même temps que du souffre pour blanchir toutes les étoffes.

Le savon prit ainsi la place des plantes saponaires, des argiles douces, des magnésies, des matières animales, de la lessive et de la cendre. Car, suivant un auteur grec nommé Arœteus, comtemporain de Jules César, les Celtes, appelés par la suite Gaulois, avaient un grand nombre de remèdes composés de petites boules de nitres qui, servant à blanchir le linge, étaient aussi d'un très-bon usage et d'un effet très-salutaire quand on s'en frottait le corps dans le bain.

Pour les maladies de la peau, on se servait de lotions savonneuses. Il nous faudrait enfin toute une étude spéciale pour énumérer, classer ou expliquer les nombreux médicaments composés avec cette matière pour la guérison des maladies extérieures. Il en est de même pour l'usage interne : un livre écrit dans le style et le goût oriental et que l'on a faussement attribué à Galien, nous indique assez clairement que les Arabes furent les premiers qui prescrivirent le savon comme un excellent remède pour les maladies intérieures.

Si l'on en croit le rapport fait par Pline

dans son histoire nationale, le savon aurait été inventé dans la Gaule; or, on sait que cette partie de la Gaule qui forme les rivages de la Méditerranée était connue par les Grecs sous le nom de Gaule Celtique, et ce ne fut qu'après un temps assez long que tous les peuples du Midi furent appelés du nom de Celtes, Galates ou Gaulois.

Il résulte de ces rapprochements avec l'opinion générale, que Marseille ou pour le moins une de ses colonies aurait commencé à faire usage du savon, et par conséquent ce serait un de ses fils qui l'aurait inventé.

De tous temps cette découverte nous fut attribuée; c'est qu'en effet cette opinion se trouve confirmée par ce point de notre histoire qui raconte comment, avant l'arrivée de César dans les Gaules, les Marseillais cultivaient seuls les arts et par cela même les industries qui s'y rattachent.

Marseille étant la capitale du Midi, ce fut dans ses murs que l'industrie se centralisa ; de même que chez elle les sciences s'élevèrent à une hauteur que Rome seule pouvait lui disputer.

D'ailleurs, rien ne peut mieux servir à prouver ce que nous avançons que le terme lui-même étudié dans son étymologie la plus éloignée.

Le mot français *savon* nous vient directement de la langue celtique, et si les Grecs employaient celui de *sapon*, c'est qu'ils avaient tout simplement substitué la lettre *p* à la lettre *v* qu'ils n'avaient pas dans leur alphabet.

Or, on sait que, souvent aussi, la lettre *v* se remplaçait par un *B*, c'est ce qui explique assez nettement pourquoi les Marseillais employaient le terme *saboun*.

En principe on fabriqua deux qualités distinctes de savon. L'une était épaisse et dure comme celle dont nous faisons usage aujourd'hui, tandis que l'autre était liquide et parfumée.

La première servait au blanchissage du linge, la deuxième était d'un emploi fréquent pour rendre les cheveux blonds.

Les dames romaines en consommaient beaucoup pour la toilette, à l'imitation, sans doute, des dames marseillaises qui avaient aussi un luxe particulier dans leurs chevelures.

La fabrication du savon, quoique ayant quelques rapports avec celle d'aujourd'hui, était loin de fournir d'aussi bonnes qualités et par cela même une consommation aussi grande Les riches seuls en achetaient; les pauvres se contentaient de passer leurs linges à la lessive. Il nous est permis de croire que c'est ce moyen de raffraichir les vêtements qui a donné lieu à l'invention du savon, car tout d'abord on le fabriquait avec des cendres et et du suif ordinaire ; seul le savon supérieur était fait de cendres de hêtre et de suif de chèvre.

C'est du moins le témoignage de l'auteur cité plus haut : « *Fit sebo et cinere. Optimus fagino et caprino.* »

Plus tard, au lieu de la cendre, on mélangea le sel lixiviel avec de la graisse ou du suif.

C'était un progrès réel et un perfectionnement primordial dans la fabrication du savon.

Durant le huitième siècle, les Arabes qui par la piraterie parvenaient à s'insinuer partout, s'appropriant les œuvres et les inventions de tous les pays, connurent les produits de notre industrie et y apportèrent une manière nouvelle de fabrication, ils ajoutèrent la chaux au sel, et le savon augmenta sa valeur par sa blancheur, sa pureté et par d'autres qualités encore.

C'était l'époque où la science des Arabes brillait de toute sa splendeur ; c'était le siècle où l'Afrique essayait de prendre la prépondérance sur tous les peuples, et voulait dominer par la force en même temps que par la science, s'appropriant par les invasions ou les actes de pirateries, ce qu'elle trouvait de meilleur chez les nations Européennes.

Cependant cet avancement acquis par des moyens si injustes, ne pouvait continuer bien longtemps. On sait dans quel état sauvage vint à tomber ce peuple fanatisé par des croyances bizarres et enseveli tout entier dans la matière... Tant il est vrai que toute matière a une fin, tandis que la spiritualité subsiste.

Alors vint le tour du gouvernement de Venise. Cette République, par son commerce avec l'Afrique, avait acquis une très-grande influence dans ce pays, et s'était pour ainsi dire appropriée le droit de fournir cette marchandise.

On croit communément que ce fut vers cette époque, où le renouvellement des lettres se faisait sentir, où les secrets merveilleux se produisirent au grand jour et remplacèrent les formes grossières et grotesques, que les Vénitiens eurent l'excellente idée de remplacer la graisse ou le suif par l'huile d'olive.

Il va sans dire que l'industrie du savon venait de faire un pas de plus. C'était le commencement de ce temps fertile où l'on se plût à perfectionner toutes choses.

Savone conquit aussi une réputation hors ligne, quelques-uns prétendent que le mot savon trouverait son étymologie dans le nom de cette ville. C'est une opinion qu'un grand nombre d'écrivains ont reproduit par erreur. Ou plutôt nous ne nions pas que *Savone* ait reçu son nom par les nombreuses fabriques qui se trouvaient dans son enceinte, mais nous ne pouvons admettre qu'elle fut le berceau de la savonnerie.

Par les documents cités plus haut, on a vu que le savon n'a pu être inventé que par les Marseillais.

C'est d'ailleurs l'opinion la plus répandue et la plus probable.

Nous n'acceptons pas davantage cette version erronée qui veut que le savon ait été inventé à Pompei.

Il est vrai qu'on a découvert une fabrique de savon dans les ruines de cette ville. On y a trouvé six cuves de pierre qui avaient servi à préparer des lessives, et un fourneau, enfin des outils et des ustensiles divers, ainsi que des débris de savon assez bien conservé. Mais rien ne nous affirme l'invention de la savonnerie dans cette ville. Nous ne voyons au contraire qu'une confirmation de ce que nous avons déjà dit, que, de Marseille, l'industrie du savon se propagea dans les autres colonies fondées par les Grecs et dans les possessions romaines.

En général, on croit que les usines de Marseille n'attinrent tous leurs développements, qu'au commencement du douzième siècle. Néamonins il est à présumer que , depuis leur invention, les Marseillais suivirent une marche progressive dans la fabrication du savon à cause de la renommée attachée à leurs produits.

Seulement nos savons ne durent pas tout d'abord être l'objet d'un commerce bien grand. La concurrence se manifestait de toute part. On fabriquait du savon en Italie, en Allemagne, en Angleterre et ailleurs ; les modes de mélanges étaient si variés que chaque peuple s'en tenait à ses productions sans aller demander à ses voisins ce qu'il croyait posséder si bien. Mais le jour vint où le commerce étendit ses bras sur toute la terre ; alors les Marseillais qui dès leur origine avaient montré tant d'habilité dans les spéculations, se lancèrent entièrement dans la voie nouvelle, étendant leur commerce chez tous les peuples.

On reconnut bientôt de combien notre savon surpassait les autres sous tous les rapports, et définitivement à nos fabricants revint la spécialité dans ce commerce qui enrichit notre ville, et qui prit chaque jour des proportions considérables.

Le savon de Marseille fut le prémier de tous les savons, comme il l'est encore de nos jours, nos fabricants n'ayant jamais fait démentir cette réputation si bien méritée.

Sous Louis XIV la savonnerie fut introduite dans les autres parties de la France, durant l'administration de Colbert.

Elle s'établit d'abord à Toulon, sans doute parce que le ministre voulait procurer du travail aux ouvriers du pays, en même temps qu'il donnait un débouché aux huiles d'olives de la Provence.

Durant le dix-septième siècle, Marseille avait étendu le commerce du savon dans toute l'Europe. La grande consommation qu'elle faisait des sels de soude lui avait fait établir des relations nombreuses avec la ville d'Arles, car dans ce territoire fertile en toutes choses, cette production végétale y était en grande abondance.

Marseille ayant donné l'exemple, peu après les fabricants Italiens et Espagnols vinrent en Provence acheter des sels de soude, et tellement ils en consommèrent que quelques années plus tard la ville d'Arles ne pouvait plus suffire aux besoins des négociants français et étrangers. Marseille elle-même, se trouvant dépourvue de cette matière, se vit forcée de s'adresser ailleurs.

C'est alors que l'Espagne et l'Italie exploitérent dans leurs seins les sels qui s'y trouvaient en plus grande masse qu'en toute autre lieu.

En même temps la fabrication du savon s'élevait à son apogée. Marseille qui jusqu'alors avait fait usage de matières tirées de son enceinte, dut s'adresser aux nations voisines pour avoir les éléments nécessaires à cette riche industrie. Celles-ci trop heureuses d'entamer un commerce aussi productif semblaient lutter pour faire prospérer et entretenir dans notre ville cette belle découverte d'une utilité si incontestable.

L'Allemagne, l'Angleterre et autres pays du Nord, s'adressaient aux fabricants marseillais. On peut ajouter que dès lors ces relations nouvelles influèrent sur tout le commerce de notre cité ; car en même temps que le savon s'introduisait partout, le commerce des cuirs, des peaux préparées et des salaisons prenait une extension que certainement il n'eut jamais acquis.

Notre port se remplit de navires de toutes nations, c'est même à partir de cette époque que l'on dut appeler Marseille la reine de la Méditerranée.

Nul ne fut jaloux de cette prépondérance. Il semblait tout naturel aux royaumes étrangers de venir à nous, tant notre fabrication jouissait d'une renommée puissante et tant elle répondait à tous les besoins.

Cependant le savon ne devint un article communément employé, et ne prit une importance sensible qu'à mesure que l'usage du linge se répandit.

M. J.-B. Lautard, le savant auteur des Lettres archéologiques sur Marseille, croit pouvoir déterminer l'extension de notre découverte, en citant le retour des Croisés de la Terre-Sainte. Comme il nous le fait si bien remarquer, les divers points de la civilisation s'enchaînent toujours des uns aux autres, sinon de leur isolement naîtrait la confusion.

Vers le milieu du dix-huitième siècle, la France faisait venir de l'Asie une quantité prodigieuse de toiles peintes.

Les ventes qui s'en faisaient et les bénéfices qu'elles donnaient firent naître, chez quelques industriels français, l'idée de s'affranchir de ces achats faits en pays lointains, et cesser d'être tributaires de l'Inde en fabricant eux-mêmes les toiles de coton. En peu de temps, de nombreux ateliers s'établirent en France et dans les pays voisins. Les ouvrages qui sortirent de ces industries eurent cet avantage d'être supérieurs à ceux de l'Inde, et d'augmenter les bénéfices de ceux qui avaient tenté cette entreprise.

C'est ce qui contribua beaucoup à étendre de plus en plus la consommation du savon.

L'Europe entière se ressentit du changement que venait de se produire. On commença à refuser les tissus étrangers, on s'en tint à ceux fabriqués chez nous, et si l'Asie eut à souffrir de notre concurrence, notre pays y trouvait un progrès nouveau, utile surtout aux classes populaires.

Les toiles que l'on produisit furent versées abondamment dans tous les rangs de la société. Le coton filé ayant remplacé les anciens tissus, le linge cessa de nécessiter de fortes dépenses; tout le monde put en posséder, tandis qu'auparavant les classes aisées pouvaient seules aborder aux prix élevés qui leur étaient imposés.

L'échelle de la fabrication du savon augmentait chaque jour ses degrés.

Les huiles de Provence ne purent suffire ; une fois encore, l'Espagne, l'Italie et la Grèce furent heureuses d'étendre leur commerce parmi nous et d'échanger leurs marchandises.

Toutes les matières premières ouvrirent une voie nouvelle au commerce avec les autres nations limitrophes. Les cendres de Sicile et du Levant, les soudes d'Alicante, le salicor de Narbonne arrivaient journellement à Marseille pour l'usage de nos fabricants.

Le commerce du savon fut un trait d'union qui lia entr'elles toutes les nations, en donnant lieu à ces échanges mutuels si recherchés par les négociants.

Jusqu'alors le savonnier n'avait d'autres combinaisons à faire que celle de l'huile d'olive et de la soude. Toutefois on ne se servait pas de l'huile première qualité, mais on employait de préférence l'huile inférieure parce qu'elle *saponifie* toujours mieux et rend le savon plus propre au lavage du linge.

Cependant on se serait bien gardé de mêler à la fabrication ces produits dégoûtants employés de nos jours, et qui dénotent une ambition honteuse et déloyale. Si par hasard quelque fabricant eut essayé de pratiquer ces mélanges, on l'aurait sûrement frappé d'une réprobation générale, et ses produits falsifiés étant mis au grand jour, on l'aurait méprisé si bien que sa marque aurait cessé d'avoir cours dans le commerce.

C'est qu'on aurait touché ainsi à l'honneur de l'industrie, et les fabricants marseillais tenaient trop aux privilèges qu'on leur accordait de toute part, pour qu'ils eussent permis jamais que l'on dépréciât les savonneries de notre ville, en indiquant ces procédés frauduleux qui aujourd'hui se sont répandus dans presque toute la savonnerie.

Quoique peu nombreux, les savonniers se faisaient une mutuelle concurrence qu'ils avaient à cœur de maintenir puisque chacun y trouvait encore ses avantages.

Durant la dernière partie de ce siècle qui vit les horreurs de 93, alors qu'on aurait cru le commerce languir au milieu des convulsions atroces de la France, on ne comptait pas moins de 58 fabricants de savon à Marseille.

Il ne se passait pas une année sans que plusieurs industriels tentassent de se créer une position lucrative dans ce genre d'exploitation qui avait toujours si bien réussi à d'autres, et les bénéfices qu'ils obtenaient n'ont jamais entravé les opérations des anciens fabricants, à cause de l'extension prodigieuse de notre commerce.

La fabrication marseillaise était parvenue à ce degré de splendeur, lorsque les guerres de l'empire vinrent malheureusement paralyser le commerce en général. La crise ne dura pas moins de quinze ans. Marseille eut à subir une pénurie extrême dans ses opérations commerciales, comme elle eut à souffrir de certaines mesures arbitraires telle que les suivantes :

Tout navire venant de l'étranger était obligé d'exporter de France une valeur égale à celle de ses importations, en produits manufacturés ou naturels ; de telle sorte que les

Français qui recevaient des marchandises de l'étranger, étaient obligés de réexpédier au dehors la même somme qu'ils venaient de réaliser, c est-à-dire d'exposer à de nouveaux hasards les bénéfices qu'ils avaient eu tant de peines à obtenir.

Les droits d'importation avaient été aussi augmentés dans une proportion effrayante.

En cette position, comment Marseille n'aurait-elle pas faibli, sous tant de coups portés à son commerce?

C'est à la suite de ce bouleversement occasionné par les troubles politiques, que les savonneries marseillaises perdirent sensiblement et diminuèrent leur nombre.

Les matières premières devinrent de plus en plus rares.

Devant de pareilles lois, les étrangers se refusaient à correspondre avec nous ; les soudes ne nous parvinrent qu'avec beaucoup de difficultés ; les prix des huiles s'élevèrent si forts qu'ils furent inabordables, et dès lors tout achat devint presque impossible.

En cet état de choses, les nations ennemies des tempêtes politiques s'éloignèrent peu à peu de la France, abandonnant leurs rapports commerciaux pour en relier d'autres avec l'Espagne et l'Italie.

Ce fut une atteinte cruelle portée à la fabrication du savon. Marseille, déjà si renommée dans cette industrie, voyait pour ainsi dire s'échapper de ses mains et passer dans des mains étrangères le produit précieux de son invention.

Le nombre des savonneries augmentait de jour en jour à Gênes et dans toute l'Italie ; les ports de Livourne, de Gênes et ceux d'Espagne voyaient s'accroître leurs commerces, tandis que Marseille semblait être à jamais déchue de sa splendeur.

Heureusement, il n'en fut pas ainsi. En vain les nations voisines firent-elles mille essais pour exécuter le projet de décentralisation.

Il est des productions végétales qui ne croissent que sur des terres choisies et déterminées; un changement quelconque est impossible, il causerait leur mort.

Ainsi la fabrication du savon qui avait pris naissance à Marseille, semblait ne pouvoir être transportée sur un sol qui lui fut étranger.

Réduite à ses propres ressources, isolée au milieu des contrées de l'Europe qui lui faisaient toutes sortes d'oppositions pour la contrarier dans ses mouvements commerciaux, la France dût chercher dans son sein les aliments qu'on lui refusait avec tant d'obstination. Il n'est rien comme le besoin pressant pour réveiller un homme et lui donner une force, une valeur qu'il n'aurait peut-être jamais eu aux jours de prospérités.

Ainsi, la France abandonnée de ceux qui jadis lui avaient élevé un piédestal, entourée d'implacables ennemis qui conjuraient sa perte, ne tarda pas à sortir de son sommeil et à fouiller son sein pour y trouver les trésors qu'on lui refusait.

Ces trésors, elle les découvrit. Tout ce que

la nature paraissait lui avoir retiré, tout ce qui semblait être particulier à d'autres climats, le sol français le vit naître sous les découvertes merveilleuses de ses enfants, par les procédés ingénieux qui surgirent tout-à-coup, par le progrès de la science, cette mère de l'industrie et du commerce.

Au milieu des actes jaloux de ses ennemis, la France n'avait rien perdu de sa priorité; elle avait conservé toute sa force, puisqu'elle avait encore son génie.

Les sciences prirent alors un nouvel essor, et la chimie, dont nous avons à nous occuper plus spécialement, étendit ses applications heureuses à un grand nombre d'industries.

La France en perfectionna tous les produits. Cette science de décomposition et d'analyse s'éleva ainsi à une hauteur prodigieuse.

Les savants, trop heureux de pouvoir sonder les secrets de la nature, étudièrent cette science jusques dans ses démonstrations les plus profondes. On trouva mille moyens pour lui donner des applications plus nombreuses que par le passé ; enfin, la chimie fut tellement cultivée qu'elle devint bientôt une des sciences les plus utiles.

En effet, c'est à partir de ce moment que la France dédaigna ses voisins, plus encore que ce qu'on l'avait dédaignée

Pour avoir les choses nécessaires à la fabrication du savon, l'on combina les productions végétales avec les minéraux, les trois régnes de la nature s'associèrent pour n'en former qu'un, et cette association eut un résultat magnifique qui fut le couronnement de toutes les sciences.

C'était une création nouvelle dont nos voisins furent étonnés, et qu'ils furent trop heureux d'appliquer à leur tour.

Le génie de l'analyse avait ouvert un passage au progrès, on sait quelle marche il a suivi depuis cette époque mémorable.

Est-il nécessaire d'ajouter que la savonnerie s'enrichit et ressentit une influence heureuse par le moyen de ces inventions nombreuses qui surgirent en si peu de temps ?

Alors on reconnut la soude dans le sel marin, on le mélangea dans nos fourneaux avec les soufres du Vésuve et de l'Etna, et de ce mélange sortit cette quantité prodigieuse d'alcalis dont la France faisait une consommation si grande et qu'elle payait autrefois si cher aux peuples de l'Italie.

La régénération des arts industriels s'accomplit par l'invention de la chimie ; des éléments nouveaux se produisirent tous les jours, et après leur perfectionnement, on en vint à ces résultats magnifiques qui ont rendu le commerce de la France si prospère.

Encouragés par ce succès, les savants se mirent à l'œuvre, d'immenses ateliers de soude factice se formèrent un peu partout, mais particulièrement aux alentours de Marseille où la fabrication du savon en réclamait une si grande quantité.

Comme on le voit la France allait par gradation. Le progrès avait commencé à faire ces pas de géants qui nous étonnent, et par lesquels, tous les jours, il nous montre une des merveilles de ses créations ingénieuses.

La consommation du savon s'accrut tellement que peu après les huileries de Marseille ne purent plus suffire pour la fourniture des huiles d'olive, alors employées dans la fabrication. Les prix furent élevés à un taux si exagéré qu'on fut obligé de recourir aux huiles de graines tant pour l'emploi qu'en faisaient les savonniers que pour les besoins des ménages.

Toutefois, ces prix élevés ne pouvaient tenir longtemps, le progrès continuait sa marche ascendante, et vers 1820, des inventions nouvelles se substituèrent aux anciennes. C'est-à-dire que les huileries n'eurent plus pour promoteurs l'eau et les chevaux, on cessa dès lors de se servir des moulins à eau et des moulins à sang, suivant l'usage de désigner les moulins qui fonctionnaient par le moyen de l'eau ou par les efforts des chevaux.

De nombreuses usines s'ouvrirent dans la banlieue de Marseille, elles s'y établirent avec leurs presses hydrauliques, leurs machines à feu, leurs générateurs, et surtout avec des capitaux énormes.

La réussite fut complète. Le commerce tout entier en ressentit une heureuse impulsion, et ce fut surtout à partir de ce jour que l'huilerie devint à Marseille le principal et le plus utile auxiliaire de la savonnerie.

D'autre part, les ateliers de soude factice installés en Provence amenèrent un revirement funeste pour l'Italie et l'Espagne. Ces nations virent s'échapper de leur sein le commerce magnifique que la nature leur avait accordé; car la nature ne pouvait songer aux ingénieuses tentatives de l'art. Elles virent condamnées désormais à rester chez elles ces productions qui semblaient leur garantir un commerce sans fin avec tous les peuples.

II

Comme autrefois, le savon n'a plus aujourd'hui la propriété de rajeunir la caducité, sa préparation n'est plus mystérieuse, tout le monde peut en fabriquer où bon lui semble.

C'est ce qui explique la multiplicité de savonneries établies aux environs de Marseille.

De tous côtés, on ne distingue plus que de hautes cheminées qui conduisent vers l'espace des colonnes de fumées noirâtres, et annoncent soit la composition des matériaux nécessaires à l'industrie du savonnier, soit la fabrication même de ce savon si réputé dans toute la France et ailleurs.

Ainsi que l'a fort bien dit un écrivain de mérite cité plus haut, les noirs apprêts de cette grande manipulation décèlent plutôt les forges de Vulcain que la présence de la divinité paisible qui préside à cette industrie.

En principe, les riantes campagnes qui environnent Marseille eurent beaucoup à souffrir des conséquences de notre découverte. Les paysans du terroir formèrent des plaintes justement fondées, et les citadins eux-mêmes incommodés par les odeurs infectes provenant de ces vastes foyers, avaient des motifs suffisants pour réclamer contre ces émanations gazeuses qui n'étaient point du tout agréables.

Longtemps, soit que la législation ne voulut point étendre tous ses pouvoirs, soit pour ne pas blesser cette industrie nationale en contrevenant aux intéressés, on ne prit point en considération les plaintes qui partaient de tous côtés, et les autres industries furent un moment sacrifiées au libre arbitre des fabricants de savon.

Un tel procédé ne pouvait continuer longtemps, le jour vint où des hommes auxquels la science n'était pas inconnue, trouvèrent un moyen qui calma l'effroi des cultivateurs et empêcha les arts de se détruire mutuellement. On atteignit ce but par les condensateurs que l'on imposa aux fabricants, car il fut prouvé que cette nouvelle mesure, une fois exécutée intelligemment on captiverait les gaz pernicieux, mettant ainsi la végétation à l'abri de cette influence qui la faisait dépérir.

Nous avons exposé précédemment de quelle manière les anciens fabriquaient le savon, nous avons suivi cette industrie dans sa marche progressive, nous l'avons vu s'élever avec la science et atteindre enfin le sommet de son perfectionnement.

Il nous paraît juste maintenant d'étudier la savonnerie depuis cette époque moyenne jusqu'à nos jours.

Nous ne sommes ni chimiste ni fabricant de savon, mais on peut être sans cela un historien impartial.

Nous n'avons pas la prétention de faire un cours de chimie, qui serait d'ailleurs bien en dehors de notre sujet, nous tenterons seulement de donner un aperçu des divers modes de fabrication employés de nos jours.

Si cette étude n'est pas utile aux fabricants, elle pourra l'être à ceux qui aiment la science sans avoir ni le temps, ni les moyens de l'approfondir,

Enfin nous aurons l'avantage de pouvoir établir un état de comparaison entre les systèmes employés autrefois et ceux usités de nos jours.

Nous verrons comment les essais, les mélanges, et une foule d'autres éléments employés quelquefois avec confusion, en dépit de la science et pour la seule cupidité des fabricants ont changé en différents points les résultats qu'on aurait pu attendre.

Ici, comme en toutes choses. on verra que ce n'est pas l'avantage du public, mais celui des particuliers qui a été le mobile des fabrications nouvelles et cela toujours au nom de l'économie et de l'utilité publique.

Nous diviserons notre travail en trois parties bien distinctes, savoir :

Les savons durs, les savons mous et les

savons à froid. Nous passerons sous silence les savons insolubles parce qu'ils ne concernent que la médecine et sont par conséquent appelés à être étudiés dans un tout autre cercle que celui qui nous intéresse. Les savons solubles qui, au contraire sont les seuls en usage dans l'industrie et dans l'économie domestique formeront tout le sujet de notre étude.

On distingue parmi les savons durs deux qualités d'ailleurs les plus répandues, ce sont les savons marbrés autrement appelés savons de Marseille, et les savons unicolores aussi très répandus dans le commerce.

Les savons de Marseille sont fabriqués par un mélange d'huile d'olive et de soude. Le procédé mis en vigueur est la fabrication à chaud, c'est-à-dire que les matières premières sont tout d'abord traitées dans de vastes chaudières, à une température plus forte que celle de l'ébulition de l'eau.

Les qualités d'huiles employées pour ce mode de fabrication sont celles que l'on désigne généralement sous le nom de ressences.

Après avoir appprêté les lessives caustiques de soude dans un cuvier à double fond de bois ou de fonte, on mélange de la chaud éteinte avec du carbonate de soude grossièrement pulvérisé, on étend ce mélange sur le premier fond d'une cuve garnie de paille et percée de trous, et on le recouvre d'eau sur une hauteur de dix centimètres environ.

Cette opération une fois terminée, on reste plusieurs heures sans y toucher. Enfin quand on est sûr que ce repos a duré assez longtemps, on laisse écouler la lessive par un robinet adapté au fond inférieur.

La première opération n'est point terminée, il reste encore à faire trois nouvelles lessives du marc, afin de décarboniser complètement l'alcali. Cependant le dernier lessivage, qui est naturellement très faible, est réservé pour servir à un prochain mélange.

C'est seulement alors que commence la saponification, et pour y parvenir il faut suivre les procédés suivants :

L'empâtage, le relargage et la cuite.

L'empâtage consiste dans un mélange très soigné de l'huile et de la lessive. On a pour cet usage une grande chaudière dont la partie supérieure formée en douves de bois cerclées en fer est enclavée dans une maçonnerie tandis que la partie inférieure construite en tôle ou en fonte, dans une forme hémisphérique, repose sur un grand fourneau.

Dans cette chaudière, on verse la quantité voulue de lessive faible et une partie de l'huile à saponifier, puis on allume le feu et bientôt la saponification commence.

Alors les deux substances se confondent sous l'influence de l'ébulition, l'huile perd son transparent, sa clarté, et forme avec le liquide alcalin une espèce de pâte blanche dont on augmente peu à peu le volume, en ajoutant de temps à autres de l'huile et de la lessive faible, jusqu'à ce que tout le corps gras déjà préparé pour la saponification ait été employé. Alors seulement l'empâtage est achèvé ; on ne reconnaît plus qu'une matière épaisse et blanchâtre parfaitement homogène.

Après cela reste encore une certaine quantité d'eau qu'il est nécessaire de faire disparaître, c'est ce qui fait l'objet du *relargage*.

Pour arriver à ce résultat il suffit de verser à plusieurs reprises de la lessive forte dans le mélange, puis une dernière lessive chargée de sel marin. Tous ces mélanges ne peuvent bien se produire qu'en les brassant toujours avec une longue perche en bois de noyer. On parvient ainsi à ce but que l'émulsion savonneuse qui s'était formée ne pouvant se dissoudre, perd une grande quantité de son eau et prend la forme d'une pâte consistante.

A ce moment, on laisse éteindre le feu, et peu de temps après, on fait écouler par un robinet placé au bas de la chaudière trois fois plus de liquide qu'on en avait ajouté pour le relargage.

Une fois la fabrication arrivée à cet état, il ne reste plus que la *cuite*.

Or, voici comment on procède :

On fait bouillir le savon avec des lessives salées.

Il est utile que le feu ne cesse point, il faut qu'on l'entretienne toujours jusqu'à ce que la lessive ait acquis une densité qui puisse permettre de mettre le savon à sec. On reconnait aisément si l'on est arrivé à un point convenable, lorsque le savon se dissout dans l'eau chaude sans laisser d'yeux à sa surface ; enfin lorsque posé entre le pouce et l'index il résiste à la pression, se pulvérise aisément ou présente une plaque solide.

Le savon ainsi travaillé présente une couleur d'un bleu foncé donnant sur le noir. Cette couleur est due à l'interposition d'un savon à base d'alumine et de protoxyde de fer.

Pour le transformer en savon blanc ou en savon marbré, il faut le soumettre à une manipulation que nous allons tenter d'expliquer.

Pour obtenir le savon blanc on déblaye le savon noir avec des lessives faibles, on l'agite pendant assez longtemps, et après cette liquéfaction, on l'abandonne à lui-même, laissant se séparer, par une douce chaleur, le savon alumino-ferrugineux du savon de soude. On voit bientôt le savon blanc surnager, alors on le puise et on le coule dans de grands moules de bois ou de pierre. Là, il se refroidit, se raffermit, et c'est lorsqu'on le croit assez sec, qu'on le découpe en pains de dimensions égales.

Au contraire, lorsqu on veut arriver à avoir du savon marbré, on incorpore une légère quantité de lessive, de manière à ce que le savon ferrugineux ne tombe pas au fond de la chaudière comme précédemment. C'est-à-dire que l'on perce la masse solide d'un certain nombre de sillons verticaux ; la liqueur du fond de la chaudière qui se compose de la masse accumulée en ce point des savons noirâtres à base de fer, s'élève en suivant des sillons et va se répandre de là dans toute la masse du savon blanc.

Ce travail exige une habileté incontestable et une grande pratique, car c'est par cet unique moyen qui paraît cependant fort simple que l'on parvient à distribuer le savon ferrugineux seulement dans la masse, afin qu'il se sépare en veines plus ou moins grandes et forme une espèce de marbrure bleue ou rougeâtre sur un fond blanc, suivant les couleurs dont on s'est servi pour parvenir à ce résultat. Ensuite on le coule comme on a fait pour obtenir du savon blanc.

Lorsqu'on fait usage des soudes artificielles, évidemment plus pures que les soudes naturelles, on développe la coloration en ajoutant à la pâte une certaine quantité de sulfate de fer.

Le bon savon marbré de Marseille renferme ordinairement 6 % de soude, 60 de corps gras, et 34 d'eau ; tandis que le savon blanc, renferme au minimum 45 % d'eau.

Le savon marbré est d'un usage universel pour le blanchissage des tissus forts, particulièrement pour ceux de chanvre, de lin et de coton. Le savon blanc, au contraire, ayant moins de mordant, sert plûtôt pour le lavage des linges fins, tel que la mousseline et la batiste.

Quant aux savons unicolores ils se fabribuent avec les huiles d'arachide, de sésame, de palme, etc., ou bien des graines quelconques. On les obtient par les mêmes procédés employés ci-dessus, néanmoins on en fabrique beaucoup par l'empâtage à froid, parce que la saponification a lieu à une température inférieure à celle de l'eau bouillante.

C'est une qualité dont on use dans les usines, et qui est encore d'une grande utilité pour les ménagères.

Les savons mous entrent dans la catégorie des savons qui se fabriquent avec de la potasse et des huiles de graines telles de celles d'œillette, de colza et de chenevis. Naturellement on le prépare à peu près de la même manière que les autres : On fait bouillir en premier lieu les huiles dans des chaudières spéciales, puis à trois reprises différentes on y introduit des lessives caustiques de potasse. Quand le mélange est bien homogène et assez transparent, on le cuit pour augmenter l'épaisseur, après quoi on le vide dans des tonneaux et c'est ainsi qu'on le livre au commerce. Ils sont ordinairement translucides ou transparents, on peut les rendre opaques en les mélangeant avec 10 % de graisse.

Parmi les savons mous, il y en a des noirs et des verts, on les obtient par des couleurs artificielles, soit avec du campêche, de la noix de galle, du sulfate de fer, du sulfate de cuivre ou avec une dissolution d'indigo.

Les savons de potasse sont loin d'égaler ceux de soude, ils renferment toujours une certaine quantité d'eau et retiennent toutes les impuretés des corps gras.

Malgré tout, ils sont relativement préférés, à cause de la facilité de leur emploi et de la modicité de leurs prix. On les met en usage principalement pour dégraisser et fouler les tissus de laines. Les savons verts servent à blanchir les beaux linges de table de la Flandre.

Les savons à froid sont ceux que l'on fabrique sans l'intervention de la chaleur. Ils sont toutefois à base de soude ou de potasse suivant les usages qu'on veut en faire.

Les savons de toilette sont fabriqués à froid, on les prépare avec des corps gras tels que l'huile d'amande, l'huile de palme, le suif, le beurre ou autres matières semblables.

Seulement, il faut que ces matières soient d'une très-grande pureté, et qu'on mette un soin tout particulier à leur composition.

On les colore avec le vermillon, l'outremer, les ocres, etc. On les parfume avec des poudres odorantes, ou mieux encore avec des essences.

A la fin de la fabrication on les brasse avec la septième ou huitième partie de leur volume d'eau, ce qui leur fait acquérir une plus grande légèreté, en même temps qu'une plus grande blancheur.

Le savon d'amandes amères si recherché à cause de son odeur, n'est souvent que du beau savon blanc aromatisé avec de la nitro-benzine.

Le savon à la rose se prépare en faisant fondre six parties de savon d'huile d'olive et quatre parties de savon de suif, en arrosant la pâte avec de l'essence de rose.

Nous passerons sous silence les savons au bouquet, les savons transparents, les savons de Windsor et les crêmes de savon, parce que, à peu de chose près, leur fabrication est semblable aux diverses qualités sur lesquelles nous venons de donner quelques explications.

Nous terminerons en parlant de la poudre de savon pour la barbe, qui n'est autre qu'un mélange à parties égales de farine de blé et de savon blanc desséché et pulvérisé, que l'on parfume avec une substance odorante quelconque.

Ces divers systèmes tracés à grands traits ne donnent qu'une faible idée de l'art du savonnier, qui, dans la pratique, s'écarte souvent de la théorie.

Nous avons essayé de les décrire uniquement pour montrer à nos lecteurs le progrès qui s'est fait durant notre siècle dans cette branche de l'Industrie.

A l'imitation de Marseille, il s'est établi des fabriques de savon dans les villes du

Nord, telles que Paris, Nantes, Reims, Elbeuf, etc... La France produit annuellement plus de 100 millions de kilogrammes, dont les trois-quarts sortent des usines de notre ville.

Enfin des savonneries se sont établies sur tous les points de l'Europe. L'Angleterre, quoique donnant des produits médiocres, en réalise chaque année de belles quantités ; l'Espagne, l'Italie, le Portugal, la Grèce, l'Autriche, le Wurtemberg, la Belgique, l'Allemagne suivent ce mouvement et prouvent de plus en plus combien l'industrie qui nous occupe est d'une utilité incontestable.

Malheureusement, en beaucoup d'endroits, la cupidité de certains fabricants a fait mettre de côté les trésors de la science et quelques-uns emploient des procédés dégoûtants qu'il ne nous appartient pas de faire connaître, mais que nous ne pouvons manquer de désapprouver, parce qu'ils portent préjudice aux consommateurs en même temps qu'aux fabricants honnêtes, lesquels continuant sagement leur industrie sont mêlés à ces exploiteurs qui veulent s'enrichir en dépit de la science et des avantages publics.

Malgré la concurrence qui se fait depuis quelques années entre ces deux parties diamétralement opposées, Marseille a conservé la haute réputation qu'elle s'est faite et qui paraît ne devoir jamais la quitter. Partout on réclame les produits sortis de nos usines, et les chimistes eux-mêmes avouent avec raison leurs supériorités sur tous les autres.

L'art du savonnier est un legs qui nous a été fait par nos ancêtres, c'est un trésor qui sera toujours inépuisable si les Marseillais, leurs fils et leurs successeurs, savent se tenir dans la voie qui leur a été si bien tracée par ceux qui, autrefois, ont acquis des fortunes colossales en cultivant cet art paisible et partant si productif.

Afin de poursuivre notre tâche d'une façon intéressante et confirmer, par des preuves authentiques, le progrès dont nous venons de parler, nous donnerons un aperçu du commerce de Marseille depuis 1815 jusqu'à 1835, c'est-à-dire l'état de la savonnerie marseillaise pendant la période de vingt années.

La Restauration sembla rouvrir à notre ville toutes les sources de richesses qui s'étaient taries pour elle depuis 93.

En effet, la gloire militaire et les conquêtes paisibles du commerce ne peuvent marcher de front ; Marseille en fit la triste expérience.

Aussi, dès que la paix fut rendue à la France, nous vîmes renaître sur nos quais et dans nos fabriques le mouvement et l'activité ; en quelques mois les mers furent couvertes de nos navires, qui reprirent les routes presque oubliées sur lesquelles ils revenaient jadis chargés de richesses.

Le mouvement commercial fut immense. En consultant les registres tenus aux barrières de Septêmes jusqu'au moment de la suppression de la franchise du port, qu'on avait tenté de faire revivre, nous voyons qu'en 1816 le nombre des charrettes et voitures sorties de la ville et sujettes à la vérification s'élevait à

602 par semaine, dont 112 charrettes à un collier, 97 à deux, 152 à trois, 46 à cinq, 10 à six, 84 voitures portant des marchandises et des voyageurs.

Si nous calculons le chargement de ces charrettes à 600 kil. par collier, nous trouvons que Marseille expédiait pour l'intérieur, pendant sept jours, 17,472 quintaux métriques de marchandises.

Il va sans dire que l'industrie participait pour la plus grande partie à ce mouvement commercial.

Pendant les cinq dernières années de la Restauration, les exportations de savon montèrent à des chiffres considérables.

Nous trouvons dans les marchandises exportées pour les nations étrangères et les colonies françaises une valeur de 1,353,761 francs relative aux savons.

On a souvent exalté le commerce de Marseille d'autrefois aux dépens de l'époque dont nous parlons ; on a opposé au résultat de ses opérations celui des années antérieures à la révolution de 93, et on a voulu tirer cette conséquence que notre commerce avait perdu de son ancienne splendeur. Cela prouve une fois de plus que les vieux ne veulent jamais trouver bien ce que font les jeunes, et que de pareilles assertions ne peuvent être faites que par des ignorants.

Il est vrai que de 1793 à 1815 la pénurie du commerce marseillais était extrême ; en 1805, les importations ne s'élevèrent qu'à la somme de 44 millions, et les prix étaient augmentés, depuis 1791, de trente à quarante pour cent, ce qui réduirait à trente millions la valeur réelle de ces importations.

Mais aussi quel immense élan le commerce ne reprit-il pas, lorsque la paix vint lui assurer la liberté des transactions, et de combien ne dépassa-t-elle pas bientôt tous les résultats obtenus jadis dans ses plus brillantes phases. Nous prouverons facilement ce que nous avançons, en comparant ces deux époques.

Avant la révolution de 93 le commerce

de Marseille ne manipulait en moyenne par année que 138 millions, exportations et importations comprises. tandis que l'année moyenne de 1820 à 1830 donne :

Importation....	136,965,290	francs.
Exportation ...	95,328,437	»

c'est-à-dire à peu près une augmentation des deux tiers.

Le rapprochement de ces deux époques est vraiment curieux. Ce tableau ne peut manquer d'être très-agréable, puisqu'on y voit d'un seul trait l'histoire de la prospérité de notre commerce, car tout Marseillais est attaché par un lien quelconque au mouvement commercial de sa ville natale.

Il ne sera pas non plus sans intérêt pour nos lecteurs de connaître les maisons qui, en ce temps-là, se sont le plus distinguées dans la fabrication du savon.

M. Honoré Arnavon, que nous plaçons en première ligne, a dû à son industrie une fortune considérable. Sa probité et ses lumières lui acquirent la confiance et l'estime de ses concitoyens.

Aux vastes opérations de sa fabrique, il avait joint celle d'une raffinerie de sucre.

La maison Arnavon jouit dans le commerce de la réputation la plus honorable et la plus méritée.

M. de Lombardon, ancien président du Tribunal de commerce et chevalier de la Légion d'honneur, soutint dignement un nom depuis longtemps honoré dans le commerce de Marseille. Ses succès dans la fabrication du savon suffisaient pour donner à son nom un certain éclat. Cependant les lettres de noblesse qui lui furent accordées y ajoutèrent un nouveau lustre.

M. Payen introduisit dans la fabrication du savon des perfectionnements notables qui firent rechercher de préférence les produits sortis de ses usines, et lui valurent une mention honorable aux expositions de 1819 et de 1823.

Ancien juge au Tribunal de Commerce,

M. Payen a bien mérité de ses concitoyens, auxquels la bonté de son caractère et son éminente probité l'avaient rendu cher.

Lorsque M. le comte d'Artois, qui fut plus tard Charles X, vint en 1814 à Marseille, il visita la fabrique de M. Payen. Celui-ci le reçut avec une grande pompe, et lui montra ses produits les plus remarquables.

Une chose surtout qui restera dans les mémoires de la savonnerie marseillaise, c'est le spectacle qu'il offrit au prince d'une statue en savon du roi Louis XVIII avec cette inscription assez bizarre :

IL EFFACE TOUTES LES TACHES

Pour être impartial, nous devons ajouter que le peuple, dans ses conversations ironiques, avait cependant appliqué en cette occasion le vieux proverbe provençal :

A lava la facho d'un mouro li perdrias vouestre saboun.

Enfin, parmi les hommes qui se sont le

plus intéressé à l'industrie de la savonnerie, nous devons citer M. Jean-Joseph-Etienne Poutet, membre de l'Académie de Marseille et correspondant de l'Académie de Médecine de Paris.

Cet habile chimiste fit de grandes découvertes dans les arts industriels ; il trouva le moyen de reconnaître le mélange de l'huile de graines avec l'huile d'olive dans la fabrication du savon.

En 1819 le commerce de Marseille récompensa cette intéressante découverte par une somme de 2,400 francs.

Poussé par cet encouragement, M. Poutet fit paraître diverses considérations notables sur le commerce marseillais, et surtout des travaux sur les huiles et les savons.

Nous avons pensé qu'il n'était pas en dehors de notre sujet de donner quelques détails intéressants sur ces hommes qui ont donné un certain lustre à l'industrie de la savonnerie. Nous l'avons fait d'autant plus impartialement que ces personnages sont depuis longtemps dans l'autre vie, et que rien ne nous rattache à leurs familles.

C'est un simple hommage rendu à des concitoyens dont les actes ont été utiles à leur ville natale.

III

Il nous reste maintenant à étudier quelque peu la statistique de la savonnerie, les chiffres de ses produits, les particularités qui se rattachent à la fabrication marseillaise et les modifications que plusieurs auraient voulu y apporter.

Nous n'avons pas l'intention de donner des colonnes de chiffres, ils ennuieraient sûrement nos lecteurs, et de plus, nous préférons laisser ce soin à quelque membre de cette société de statistique qui, tous les jours, dote Marseille de comptes-rendus certainement très-justes et très-nécessaires, mais qui ne peuvent intéresser beaucoup le public. C'est un travail d'administration plutôt qu'une étude de littérateur ; ce qui ne détruit pas que la littérature en a besoin quelquefois. C'est ce que nous allons prouver.

L'aperçu rapide que nous donnons ci-dessous, nous l'espérons, plaira davantage à ceux qui ont plus à faire qu'à compiler des chiffres.

En 1660, on comptait à Marseille 7 fabriques de savon ; en 1789 il en existait 46.

Le premier nombre se décupla dans l'espace d'un demi-siècle, car en 1811 on en voyait déjà 73.

En 1814, il diminua fort peu puisqu'il y en avait encore 71.

En 1820, il s'éleva jusqu'à 88.

En 1829, il baissa sensiblement et se réduisit à 43.

En 1837, il augmenta de nouveau jusqu'à 62.

En 1842, il retomba au chiffre de 48.

En 1858, à celui de 40.

En 1861, on en compta 52.

En 1865, il s'étendit jusqu'à 62.

Enfin durant ces dernières années le nombre s'est considérablement augmenté, des usines petites ou grandes se sont ouvertes de toute part, si bien qu'actuellement nous comptons à Marseille une centaine de fabriques de savon.

La concurrence n'avait jamais été aussi grande. Or, selon quelques-uns, cette concurrence effrénée dirigée contre la savonnerie marseillaise, a été préjudiciable à celle-ci, en même temps que les droits d'octroi qui n'ont jamais cessé de peser sur elle.

Lors de l'Exposition Universelle de 1855 on constata que la savonnerie marseillaise tenait le premier rang parmi les fabrications de toute l'Europe, sur le rapport de la qualité. La seule médaille d'or qui fut décernée à M. Honoré Arnavon donna un éclat plus grand à la faveur dont jouissait déjà le savon de Marseille.

Nos produits étaient fort estimés sur les marchés de France et de l'étranger ; les savons blancs étaient partout en grande consommation, parce qu'ils ne laissaient rien à désirer ; les savons bleus pâles étaient pour l'intérieur de la France, et les savons bleus vifs étaient destinés spécialement à l'exportation.

Enfin nos fabricants jouissaient d'une distinction dont nous avons tout lieu de nous énorgueillir.

En ce temps-là, Marseille produisait encore 60 millions de kilogrammes, ce qui pouvait représenter environ 50 millions de francs.

Mais dans cet état, ce qu'il faut remarquer essentiellement, c'est que depuis 1829 le chiffre de production n'avait pas augmenté. Cette situation s'explique par la division opérée chez les consommateurs à cause de la concurrence qui, avec ses prix modérés, entraînait vers elle, tous les négociants français et étrangers.

Ces taux étaient naturellement établis sur des marchandises sorties de fabriques dont la fondation était récente, et qui, au moyen d'ingrédients inertes, offraient des produits qui séduisaient assez les acheteurs.

Il est vrai de dire que le public ne tarda pas à se convaincre qu'on le trompait, car le savon loyalement fabriqué s'améliore en vieillissant, il perd quelques pour cent de son eau de constitution et devient préférable. Tandis que le savon mélangé de substances terreuses diminue son effet et augmente sa proportion à mesure qu'il vieillit.

Voici un extrait d'un écrit publié en 1790, qui nous prouve depuis déjà combien de temps la fraude a pris pied dans la fabrication du savon :

La brochure porte ce titre un peu long et assez explicite :

« *Doléances des blanchisseuses et lavandières pour être adressées à MM. les députés de Marseille aux Etats Généraux et être annexées aux quatre cahiers et doléances des autres corporations.* »

« C'est contre la fabrication du savon
« blanc que nous avons à nous plaindre,
« c'est contre ces malfaiteurs qui le vicient
« d'une augmentation de poids ; c'est contre
« ces âmes intéressées qui, franchissant tou-
« les bornes de l'humanité, ne craignent pas
« d'établir leur fortune sur le plus pur sang
« de la plus basse population.

« Ces déloyaux fabricants de savon blanc « incorporent dans ce savon de 25 à 40 % « d'augmentation de poids, au moyen de « l'eau empreinte de quelques sels légers de « soude, et enlèvent par ce moyen au con- « sommateur l'espérance du petit bénéfice « qu'il peut attendre de son labeur, en ce « qu'il ne trouve plus dans ce savon vicié, « l'usage qu'il lui procurerait s'il était intact. « Et le second dommage, c'est qu'il en paye « une livre et n'en reçoit que trois-quarts et « souvent moins. »

Cette année-là les doléances ne furent pas plus écoutées que celles qui avaient été faites antérieurerement, et l'auteur de la brochure en fut quitte avec ses frais d'impressions.

Mais souvent telle chose semblait être tombée dans l'oubli, qui reparaît tout-à-coup par une occasion fortuite qu'on a toujours soin de ne pas laisser échapper.

Une année s'était à peine écoulée que la Municipalité de Marseille fit à son tour une adresse à l'Assemblée législative contre la fraude introduite dans la fabrication du savon.

En 1806, ces plaintes demeurées presque sans résultats furent renouvelées par la Chambre de Commerce de notre ville qui, cette fois, ne demanda pas en vain et obtint le rétablissement du Conseil des Prudhommes. Alors fut remise en vigueur cette loi du 10 octobre 1669, de laquelle nous extrayons l'article 13 :

« Les communautés des villes de la pro-
« vince où il y a des fabriques de savon,
« nommeront tous les ans deux des princi-
« paux négociants entendus dans cette ma-
« tière. pour veiller dans les dites villes et
« dans l'étendue de leur territoire à l'entière
« exécution des articles ci-dessus ; et lors-
« qu'ils trouveront des fabricants ou mar-
« chands qui y auront contrevenu, ils les
« dénonceront aux juges ordinaires pour être
« punis suivant l'exigence du cas. »

Ainsi qu'on le voit, outre les industriels qui, dans l'intérieur de la France, se livraient à la fabrication frauduleuse du savon, Marseille commençait à suivre cette pente mauvaise qui l'aurait mené très-certainement à sa perte, sans la résistance énergique de quelques fabricants marseillais lesquels surent maintenir à eux la confiance des consommateurs, tout en conservant à leurs marchandises des prix plus élevés que ceux établis par leurs adversaires.

C'est même ce qui a laissé à la savonnerie marseillaise cette espèce de monopole qui semble ne devoir jamais lui être enlevé.

La concurrence n'était pas l'unique ennemie de la savonnerie dans notre ville ; nous lui connaissons des droits d'octroi dont elle a été frappée, qui l'ont faite beaucoup souffrir, et semblaient arriver à point pour conjurer sa perte. Heureusement que les industriels marseillais n'abandonnèrent jamais le drapeau de la bonne fabrication.

M. Jules Roux, dans son travail de statistique sur la savonnerie à Marseille, nous donne des exemples frappants des préjudices que ces sortes de taxes ont porté à l'industrie du savon. On croyait que le monopole de cette fabrication était à jamais acquis pour nos savonniers : sans doute, nous l'avons dit maintes fois, ils ont conservé un certain prestige, une renommée peut-être sans égale, mais la fraude leur avait porté un coup assez terrible, sans qu'il fut besoin de leur imposer des droits qui les ont empêché de lutter avec la même énergie, et, les ont arrêté au moment le plus beau de leur marche progressive. Il nous faudrait plusieurs volumes pour donner les textes des adresses ou plaintes présentees par les savonniers de Marseille à la Municipalité, dans le but d'obtenir des diminutions de taxe sur les produits de leur industrie. Toutes visent au même but, et la plupart ont été mises aux oubliettes peut-être même sans avoir été lues.

Nous devons à l'obligeance de M. V. Lieutaud, bibliothécaire de Marseille, la consultation de ces pièces qui un jour pourront trouver place dans une histoire plus étendue de la savonnerie.

Pour le moment, qu'il nous suffise de savoir que durant vingt ans et plus, des plaintes furent faites de toute part à la Municipalité, sur la taxe des savons, et qu'enfin en 1867, sur une dernière demande des savonniers au sujet du dégrèvement des droits d'octroi, M. Ailhaud fut chargé par la Commission Municipale de rédiger un rapport sur cette question importante.

Nous allons en donner un résumé succint :

En 1865, les fabricants de savon s'adressèrent au Conseil Municipal pour demander la suppression des taxes d'octroi sur les huiles, corps gras, soudes, chaux, etc..., proposant de remplacer ces droits par une élévation de la taxe des huiles comestibles qui de 4 francs seraient portées à 7 fr. 50 c.

Cette réclame exigeant une étude toute particulière fut renvoyée à la commision des finances. La longueur de l'examen permit aux savonniers de faire une autre proposition qui avait plus de chance de réussite ; elle consistait à ne pas élever les droits sur les huiles comestibles, mais à faire cesser la fraude excitée par les droits multiples sur les diverses qualités d'huile

M. le Maire modifia cette demande en ajoutant un droit fort minime sur les huiles et les corps gras employés par la savonnerie, soit 5 fr. par hectolitre sur les huiles d'olive, au lieu de 1 fr. 25 c. : les huiles lampantes furent portées à 5 fr. ; les graisses comestibles taxées à 12 % ; les non comestibles à 3 fr. ; les suifs soumis à 3 fr. 50 c. passèrent à 5 fr., etc., etc.

Les fabricants de savon protestèrent contre ces mesures, alléguant la mauvaise situation commerciale, mais l'honorable rapporteur prouva quelle était l'influence des droits sur l'industrie savonnière :

« Le nombre des fabriques, dit-il, d'après « l'administration de l'octroi, s'élève à 62, « produisant 6,000 kilogrammes valant en « moyenne 4,500 fr. ; jamais un chiffre aussi « élevé de produits n'avait été atteint.

« D'après d'autres calculs qui n'infirment « en rien ceux de l'Administration, car ces

« derniers ne comprennent pas les fabriques « de savon à froid, il existait, en 1850, 45 « fabriques employant 190 chaudières, et sur « quinze usines construites depuis 1850, tou- « tes ont été établies dans le rayon de l'octroi. « Ces faits prouvent que la taxe n'a pas em- « pêché l'industrie de vivre et de grandir. »

Et M. Ailhaud termina son rapport par une citation digne d'être reproduite ici :

Un illustre procureur général à la Cour de cassation qui portait la parole dans une affaire où l'industrie prétendait à des dégrèvements contre l'octroi, disait dans son réquisitoire :

« L'industrie est une grande et belle chose, « elle mérite d'être encouragée et protégée ; « loin de la déprécier, je l'exalte, je l'hono- « re, et quand, pour transporter ici une ex- « pression que la chaire ne fait pas difficulté « d'employer, quand on fait payer l'octroi au « charbon qui chauffe la marmite du pauvre, « pourquoi le charbon qui alimente la manu- « facture dont les produits enrichissent son « maître, serait-il exempté de l'octroi ? »

Sur ce, furent rejetées les réclamations de l'industrie savonnière, renvoyant à un temps plus favorable les améliorations qui paraîtraient nécessaires pour faciliter les industriels marseillais et les faire marcher dans la voie du progrès.

Il ne peut nous être permis de lancer notre jugement sur les mesures prises en cette occasion, pas plus que sur les taxes nouvelles imposées durant ces dernières années. Nous courrions grand risque de rencontrer des opinions absurdes ou intéressées ; voilà pourquoi nous gardons notre rôle d'historien, laissant à nos lecteurs la satisfaction de choisir celui qui leur paraîtra le plus convenable.

On sait que depuis le premier janvier 1874 les droits sur la savonnerie sont de 5 % pour les savons ordinaires et 25 % pour les savons de toilette. Ces droits qui, en principe, ont contrarié beaucoup notre commerce ont été maintenus jusqu'à ce jour, et nous ne pensons pas qu'on nous en délivre prochainement.

Quoi qu'il en soit, il est toujours utile et intéressant, après six mois d'expérience, d'examiner l'influence qu'exerce une taxe nouvelle sur la marche des affaires d'une branche d'industrie quelconque. C'est ce qu'a fait durant le deuxième semestre de 1874 un honorable industriel délégué par ses collègues auprès de la Commission du budget. Le *Sémaphore* reçut en communication un relevé aussi juste que complet de toutes les savonneries marseillaises pendant le semestre écoulé. Il résulte de cette étude qu'on évalue la production d'une fabrique de savon d'après le nombre des cuites réalisées. Or, voici les résultats obtenus durant les six premiers mois de l'année 1864 :

Janvier........	275	cuites
Février........	252	—
Mars..........	224	—
Avril..........	213	—
Mai............	250	—
Juin...........	168	—

Ces chiffres pris en terme moyen, correspondaient parfaitement à une production par semaine de 68 cuites $^3/_4$ en janvier, de 63 cuites en février, de 56 cuites en mars, de 53 cuites $^1/_2$ en avril, de 62 cuites $^1/_2$ en mai, de 67 cuites en juin.

En conséquence, la moyenne de production de la savonnerie marseillaise pendant ces six mois déduite des chiffres qui précèdent a été de 62 cuites par semaine, tandis qu'en temps normal cette production est de 90 cuites.

On juge facilement de la diminution qui s'est opérée en si peu de temps d'une manière aussi sensible sur la fabrication du savon, car au lieu du chiffre ordinaire de 2160 cuites en six mois, on est tombé à celui de 1483; c'est-à-dire, pour être plus explicite, que le déficit véritable de la production est de 677 cuites, lesquelles à 80 caisses par cuites, représentent 54,160 caisses, en comptant chaque caisse de 150 kil. à 81,240 quintaux métriques de moins.

On peut conclure, enfin, et constater la

valeur réelle du déficit, en calculant que la savonnerie a produit pour plus de cinq millions de francs en moins durant une période aussi courte.

C'est une différence énorme, le coup porté à la savonnerie marseillaise était terrible, et les fabricants n'eurent pas entièrement torts quand ils formulèrent de nombreuses plaintes contre ces nouveaux impôts.

Cependant on sait par quelles épreuves et par quelles privations il nous fallait passer encore pour combler les vides que les envahisseurs avaient fait chez nous et pour payer les cinq milliards qu'ils nous avaient imposé après leur conquête. La France avait besoin de se relever, et tous, plus ou moins, devions concourir à son relèvement. On comprit bientôt combien étaient futiles toutes les plaintes; et l'on se contenta de subir l'impôt. Cette fois l'égoïsme était vaincu par le patriotisme.

Durant ces dernières années le commerce a sacrifié généreusement une partie de ses bénéfices à la patrie. Certes, de semblables sacrifices ne peuvent ruiner beaucoup de monde ; d'ailleurs, il faut bien considérer que les négociants n'ont jamais été les plus à plaindre quand il s'est agi d'impositions relatives au commerce, car, en définitive, elles incombent toujours aux consommateurs. En effet, les premiers se contentent, en ces occasions, d'augmenter leurs prix ou d'ajouter à leurs factures les droits nouveaux, tandis que les derniers, bon gré ou malgré, sont forcés d'avaler tout simplement la pillule, avouant qu'elle est bien amère, mais sans pouvoir adresser des plaintes à qui que ce soit. Quoi qu'en disent les optimistes, c'est toujours le peuple qui souffre le plus des impôts, alors qu'il devrait seul en être exempt.

Pople renaras e pagaras.
Peuple tu geindras et tu paieras.

C'est un proverbe provençal qui ne manque pas de vérité ; nous ne le citons pas pour manifester telle ou telle opinion, mais uniquement pour rendre à chacun ce qui lui revient, *cuique suum*.

Il nous suffira même d'examiner que les fabricants ou les négociants sont assez souvent bien aises de l'augmentation des impôts; tout le monde a pu remarquer aussi bien que nous les abus qui se sont produits de tous temps à ce sujet, sans qu'il nous soit nécessaire de les signaler.

On a vu jusqu'aux moindres commerçants élever tout à coup leurs prix sous prétexte d'impôts, sur des marchandises non imposées, ou sur lesquelles il ne pesait pas de nouvelles charges.

Ensuite, les fabricants ne doivent pas trop s'étonner de la diminution qui s'opère annuellement dans leur industrie. Il est clair que, il y a seulement cinquante ans, les bénéfices sur les savons étaient relativement plus forts, par la raison bien simple qu'ils étaient moins partagés.

Aujourd'hui, tout Marseillais semble être né pour devenir fabricant de savons ; quiconque a quelques économies veut tenter une entreprise dans ce genre d'industrie ; par malheur la réussite est loin de toujours couronner les efforts. Les registres du tribunal de commerce de Marseille sont couverts de spécimens de marques de fabrique tombées dans l'oubli presque en même temps qu'elles étaient inscrites.

Les grandes usines semblent être condamnées à ne plus exister, on fabrique du savon dans des réduits étroits et incommodes ; c'est une dérision, l'on verra bientôt des fabricants de savons *en chambres*.

Au premier abord, il semblerait qu'une concurrence ainsi établie ne peut entraver beaucoup les opérations des grandes usines. Il est certain que les nouveaux fabricants ne perçoivent, en particulier, que des bénéfices forts minimes, leurs ventes ne peuvent être nombreuses, car il fut toujours assez difficile de faire prendre une marque; mais il faut considérer que ces ventes quelles petites qu'elles soient, en s'agglomérant et en se renouvelant, finissent par former des sommes énormes qui s'en vont chaque jour des usines de nos grands fabricants pour se répandre dans les entreprises nouvelles.

Il nous est inutile, enfin, de revenir sur les procédés frauduleux employés de nos jours et d'énumérer les causes véritables qui éloignent le commerce de notre ville.

C'est un travail que nous laissons à l'écrivain qui étudiera le commerce de Marseille sous tous ses rapports, à celui qui, plus versé que nous dans les opérations commerciales, pourra en suivre les diverses phases et donner, au besoin, un jugement qui ne saurait manquer d'être plus juste que le nôtre.

La savonnerie marseillaise n'a pas cessé de jouir de la réputation colossalle qu'elle s'est faite, mais elle a perdu matériellement, c'est-à-dire qu'elle a vu diminuer ses opérations et ses bénéfices par les raisons bien justes que nous venons de donner, et par d'autres qu'il sera mieux opportun d'étudier dans un temps plus éloigné.

Au moment où nous terminons ce chapître, nous apprenons que la société pour le développement et la défense du commerce et de l'Industrie de Marseille vient d'adresser à la Chambre de Commerce de notre ville, les rapports des syndicats de l'huilerie et de la savonnerie marseillaise au sujet des droits appliqués à ces industries.

Ces rapports tendent à la suppression des impôts établis sur les huiles de toute sorte, sauf les huiles minérales, depuis le 31 Décembre 1873.

Nous avons fait connaître plus haut, par une citation du *Sémaphore*, quelles furent les conséquences de cette loi durant le premier semestre de l'année 1874.

Le *Petit Marseillais* du 12 Mars et le *Sémaphore* du 13 nous apportent quelques considérations nouvelles sur les réclames actuellement faites auprès du gouvernement, par les savonniers de Marseille, pour obtenir la révision d'une loi votée à la hâte, après les nécessités financières occasionnées par la guerre de 1870.

Nous sommes heureux d'emprunter quelques détails à ces journaux toujours si bien renseignés.

La loi du 31 Décembre 1873 grève les huiles d'un droit d'accise en rapport avec les populations de certaines villes soumises à l'Octroi.

Et d'abord, pourquoi l'impôt n'atteint-il qu'une partie de la population française, tandis que l'objet imposé est d'une consommation générale ?

Ensuite, pourquoi les grandes villes sont-elles imposées davantage que les petites ?

Ne sait-on pas que dans les grandes villes les dépenses commerciales sont plus considérables et les salaires des ouvriers plus élevés ?

Enfin, si nous suivons les rapporteurs jusques dans les moindres questions intéressant l'avenir et la prospérité de notre cité : Pourquoi les huiles concrètes qui ont été assimilées aux beurres ne sont-elles pas atteintes par l'impôt ?

Est-il plus juste de ne pas imposer les savons dits à froid, tandis que les autres qualités sont soumises au droit de 5 fr. par kilog. ?

Comme nos confrères le font si bien remarquer, c'est vouloir favoriser la fabrication frauduleuse du savon, aux dépens de la fabrication honnête et loyale.

C'est même aller contre les intérêts de la France, car d'après les tableaux dressés par M. Wolowski, chaque année, cent dix millions de kilogrammes similaires de savon entrent dans la consommation, sans aucun profit pour le trésor.

Nous nous associons aux fabricants de savon pour demander la révision de cette loi qui, par la suite, amènerait la ruine de la savonnerie à Marseille.

Enfin, avec M. les Rédacteurs des journaux précités, nous espérons que la Chambre de Commerce de notre ville insistera auprès du gouvernement pour l'examen de cette question si importante qui mérite une décision favorable aux dégrèvements nécessaires pour rendre à la savonnerie marseillaise son ancienne priorité,

Ces considérations ne détruisent pas ce que

nous avons déjà dit au sujet des impôts. Chaque temps a ses obligations particulières ; or depuis 1870 les temps et les choses sont trop changés pour que nous ne consentions à nous soumettre à toutes les exigences.

IV

Nos ancêtres avaient cette coutume particulière de centraliser les industries ou les ateliers relatifs à chaque profession. Au siècle dernier on voyait encore les caissiers, les tonneliers, les coutelliers, les cuiratiers, les orfèvres, les chapeliers etc., réunis dans certaines rues auxquelles ils ont donné leurs noms.

Nous voulons parler des rues Caisserie, Bouterie, Coutellerie, Cuiraterie, des Fabres, des Chapeliers, etc. Loin de craindre la concurrence, on se la faisait ouvertement, il y avait plus de loyauté et peut-être moins d'égoïsme qu'aujourd'hui.

Quoi qu'il en soit, les temps ont changé et avec eux un grand nombre d'usages, les ateliers divers se sont répandus dans la grande ville, et les industries gagnent chaque jour du terrain pour s'éloigner de cette antique centralisation.

Nous sommes étonné qu'à Marseille il n'y ait pas une rue portant le nom de la *Savonnerie*, on sait pourtant qu'en notre ville la plupart des fabriques de savons sont concentrées dans ce carré qui, commençant au quai de Rive-Neuve, finit à Saint-Victor, embrassant toutes ces ruelles plus ou moins étroites dirigées vers le cours Pierre Puget ou le boulevard de la Corderie. C'est dans ces usines noircies par le temps et la fumée que nos aïeux ont travaillé, c'est là même que se sont pratiqués les perfectionnements dont nous avons déjà parlé.

Ces vieilles fabriques sont toutes différentes des usines récemment fondées, elles ont gardé leur originalité jusques dans les moindres détails ; on dirait que le temps et les hommes se sont unis pour nous les conserver, afin que nous puissions, avant qu'elles tombent en ruine, en faire un tableau toujours agréable pour ceux qui aiment les choses d'un intérêt touchant sur la cité qui les a vu naître.

Les anciennes fabriques de savon sont généralement installées dans des bâtiments très-bas, si bien qu'à la vue de leur extérieur, on ne se douterait jamais de leur grandeur, de leur étendue, et du mouvement qui se fait intérieurement.

Une grande salle quelquefois voûtée et soutenue par des piliers, d'autrefois plafonnée en boiserie mais appuyée sur d'épaisses murailles, forme l'endroit principal de la fabrique, où se trouvent les chaudières, les *barquieux* et tout ce qui sert à l'œuvre principale de la fabrication.

Sur le fond, dans une niche entourée de vases de fleurs, est placée une petite vierge devant laquelle une lampe veille nuit et jour. C'est une marque de respect et de confiance envers la vierge mère, c'est un usage saint laissé par nos ancêtres, une preuve de plus de l'ardente foi que les Marseillais ont toujours eu pour celle qu'ils appellent si bien la *bonne-mère*.

C'est le premier signe qui distingue les anciennes fabriques de savon de celles nouvellement construites ; nous faisons cette remarque parce que nous craignons bien que dans moins d'un demi-siècle toutes ces choses n'existent plus. Aussi nous faisons-nous un plaisir de féliciter nos compatriotes pour avoir conservé cet usage, et nous ne saurions jamais trop les encourager à le perpétuer longtemps encore. La vue de la vierge donne de la force et du courage à ceux qui ont la foi, elle commande encore le respect à ceux qui ne croient plus.

Après avoir considéré le bâtiment qui n'est curieux d'ailleurs que par son antiquité, il nous reste à examiner l'emménagement de la fabrique.

Selon la disposition de l'usine, on voit tout d'abord le magasin réservé aux soudes et qu'on appelle *picadou* à cause du travail particulier qui s'y fait journellement. Le *picadou* est une pierre sur laquelle on casse la soude, On pénètre ensuite dans un vaste entrepôt où les savons achèvent de se sécher en attendant qu'on puisse les mettre en caisses. Enfin on arrive dans la salle principale de la fabrique : Là, au milieu et à la suite les uns des autres sont établis de grands bassins en pierre nommés vulgairement *barquieux*. Sous chaque *barquieu* se trouvent deux petites citernes ou trous. C'est dans les *barquieux* que se fait le lavage de la soude pour en extraire les parties solubles. On y produit ensuite la lessive qui est dirigée dans la citerne par le moyen de petits canaux taillés dans la pierre et dont l'ensemble a reçu des ouvriers savonniers le nom de *mécanique*.

On rencontre toujours trois ou quatre *barquieux* qui forment une série, chaque série devant fournir les lessives nécessaires à une cuite.

Quand la lessive est obtenue, elle est puisée par un ouvrier savonnier avec une longue perche au bout de laquelle est emmanché un espèce de seau appelé *pouadou*. La lessive ainsi puisée est versée ensuite dans un grand seau de forme facile à porter et qu'en provençal on nomme *cornudo*. Ensuite s'opère la fabrication identiquement à l'aperçu que nous en avons donné au chapitre deuxième.

Les chaudières dans lesquelles se fabrique le savon sont construites en maçonnerie, leur intérieur est revêtu de briques cimentées soutenues encore par des assises qui servent d'unité de mesure et de guide aux ouvriers, par ce calcul bien simple que soixante cornues de vingt litres occupent, dans une grande chaudière, la hauteur d'une de ces assises mieux connues sous le nom de *mallons*.

Les chaudières de dimensions normales ont généralement douze mallons de hauteur sans compter la margelle en pierre de taille qui les entoure et le cône renversé qui le termine à la partie inférieure et qu'on nomme techniquement *campane*.

La hauteur du tronc du cône est d'environ 50 centimètres ; la petite base est fermée par une plaque de forte tôle de un mètre environ de diamètre qui constitue toute la surface de chauffe d'une chaudière qui, dans une liquidation de savon blanc contient jusqu'à 200 hectolitres de matière. Enfin la campane équivaut à un mallon.

M. Turgan, à qui nous empruntons la plupart de ces renseignements, a prétendu dans ses *grandes usines de France* que les Marseillais se sont toujours montré rebelles au progrès industriel, en voulant suivre le vieux système.

C'est une erreur qu'il nous convient de repousser violemment : Les Marseillais sont restés fidèles au procédé dit à la grande chaudière, uniquement parce qu'il offre des avantages que ne peuvent donner les nouveaux systèmes.

C'est qu'avec ce vieux procédé légué par leurs ancêtres, ils assurent la loyauté dans leur fabrication, tandis que les nouveaux procédés leur feraient inévitablement adopter la fraude. L'industrie marseillaise se respecte, mais elle ne résiste pas au progrès ; la meilleure preuve c'est qu'aujourd'hui encore elle figure pour les deux tiers dans l'exportation de la France.

Au commencement de ce chapitre, nous avons parlé de la situation topographique des fabriques de savon à Marseille. On a vu qu'elles sont placées au sein même de la ville; or la fumée qui s'échappe jour et nuit de leurs cheminées, se mêlant aux émanations insalubres du vieux port, rend ce quartier presque inhabitable. C'est pourtant un endroit très fréquenté ; là même où se trouvent ces vieilles usines ne pourrait-on pas voir plutôt de belles rues spacieuses, aérées et commodes à la circulation. Le commerce y gagnerait beaucoup et cette partie de notre ville aurait un aspect plus convenable. C'est enfin une question d'hygiène que d'autres ont soulevé avant nous et que nous soutenons entièrement.

Ne serait-il pas mieux de transporter toutes ces fabriques extra-muros, notre banlieue est assez vaste et assez propice. Déjà un certain nombre d'industriels y ont établi les leurs ; il serait à désirer que les autres suivissent leur exemple ; car il faut bien espérer que nos paysans du terroir ne feront pas comme ceux de Septêmes qui, sous prétexte que la fumée des fabriques de savon repoussait les nuages et empêchait la pluie, se soulevèrent en 1815 et en 1816, si bien que l'on fut obligé de faire cantonner des troupes pendant quelque temps à Septêmes, pour préserver d'une destruction presque certaine les usines situées dans cette localité.

Cette croyance s'est perdue fort heureusement aujourd'hui, il n'y a donc aucun inconvénient à établir des usines hors des barrières, il suffirait d'un moment de bon vouloir de la municipalité pour changer totalement le quartier de la rue Sainte, en le rendant plus accessible pour le commerce et plus salubre pour ceux qui l'habitent.

Ce n'est qu'une affaire de temps et d'argent, mais nous sommes persuadé qu'un jour nous verrons l'accomplissement du désir que nous venons d'exprimer.

Avant de terminer cette étude, il nous reste

à dire quelques mots encore sur les marques adoptées par les fabricants Marseillais et adaptées sur tous leurs produits.

C'est du 19 février 1754 qu'est datée la loi sur les marques des fabriques. En voici le texte :

« Tous les fabricants de savon seront tenus « de marquer les savons blancs et marbrés « de la marque qu'ils auront choisie, dont il « déposeront un double au greffe du juge des « manufactures des lieux où leur manufac- « ture sera établie. »

En 1812, Napoléon imposa une marque spéciale aux fabricants pour les différents savons. Ces marques devaient porter en toutes lettres les mots : Huile de graines, ou suif, graisse, selon la composition.

Les fabriques de Marseille eurent pour les savons faits à l'huile d'olive, une marque spéciale présentant un *pentagone* et portant les noms du fabricant et de la ville.

Les fabricants de savon ont donc une marque distinctive, chacun d'eux s'efforce de donner à cette marque toutes les réclames possibles, toute la réputation désirée. Les fabrications étrangères luttent avec celle de Marseille, donnant à leurs produits la plus grande publicité moderne, mais ces moyens qui commencent un peu à vieillir ne peuvent empêcher Marseille de l'emporter sur ces fabrications la plupart du temps frauduleuses.

La marque de fabrique est, de la part de nos industriels, l'objet d'une étude toute particulière. Tandis que les savonniers des autres pays couvrent leurs produits de médaille ou de signes mythologiques, nos fabricants ont gardé une originalité fort simple que nous ne pouvons passer sous silence.

En effet une chose curieuse qui nous a frappé, c'est que beaucoup de nos signes sont empruntés à la religion catholique. Nous avons vu des marques de fabriques représentant l'ostensoir, le calice ou le ciboire, l'encensoir, la croix ou le sacré-cœur, les images des saints ou de la Vierge.

La confiance que les Marseillais ont toujours eu pour la Bonne-Mère se manifeste surtout dans ces signes commerciaux, seulement dans ce cas il est bon de ne pas confondre la Vierge-de-la-Garde avec Notre-Dame, la Bonne-mère avec la Madone, l'Immaculée Conception avec la Vierge à la Chaise ou avec la Vierge à l'Ancre, enfin avec tous les autres titres donnés à la mère de Dieu.

Il suffit qu'il y ait une variation dans l'invocation elle-même, on ne s'occupe nullement du culte général rendu à la Vierge sous différents vocables. C'est d'ailleurs une manie de notre siècle d'honorer Marie sous des dénominations infinies. Nous savons que ce sont tout autant de titres glorieux pour celle qui enfanta le grand régénérateur du monde ; mais il faut bien considérer aussi que le vulgaire ignorant est porté quelquefois à croire que la religion catholique n'admet qu'un seul Dieu avec une multiplicité de déesses. Et cette opinion pourrait prévaloir peut-être un jour à cause de cet usage bizarre de mêler la religion catholique avec les entreprises commerciales dont les agissements sont souvent désapprouvés par cette même religion.

Quelques fabricants exploitent ces titres, d'abord pour s'attirer comme clientèle un public fanatique, ensuite pour que, se confondant entr'elles, les marques aient un cours plus facile et leur procurent des bénéfices plus grands. C'est un genre d'abus sur lequel les tribunaux de commerce ont eu souvent à statuer.

Un fait essentiellement récent servira à soutenir notre assertion ; nous le puisons dans un journal de notre localité qui s'est toujours intéressé aux études que nous publions.

Le *Petit Marseillais* du 26 février s'exprime ainsi :

« MM. Eydoux et Maurel sont tous les deux « fabricants de savons à Marseille. Le pre- « mier a pris pour marque de fabrique l'image « de la *Vierge à l'Ancre*, et l'a déposée en « 1862 ; le second celle de la Vierge tenant « l'enfant Jésus sur son bras gauche et l'a dé- « posée en 1866.

« M. Eydoux a vu dans cet acte un fait de « contrefaçon et a assigné M. Maurel devant « la troisième chambre civile pour se voir « condamner à ne plus se servir de la marque « sus dite, à payer en outre au plaignant des « dommages-intérêts qui seront ultérieure-« ment arbitrés. »

Nous ne tenons pas à savoir les conclusions du ministère public et le jugement porté dans cette affaire, qu'il nous suffise seulement de constater que ces ressemblances dans les marques de fabriques sont des abus formels qui de temps à autre amènent des litiges et des contestations déplorables.

Nous avons à Marseille une centaine de fabricants de savon, si chacun d'eux s'avisait de choisir un verset des litanies de la Vierge, nous en arriverions bientôt à une nouvelle Babel.....

Cependant cet usage singulier se perd de jour en jour ; parmi les nouvelles marques nous avons vu un chevreuil, un lévrier, une colombe, une main, un évantail, une ancre d'espérance, une écaille, un marin, une lampe, les as de pique, de cœur, de trèfle et de carreau ; un palmier, un lustre, un paon, une croix d'honneur et tant d'autres signes empruntés à des choses qui, le plus souvent, n'ont aucun rapport avec les produits qu'ils servent à marquer. Avouons que leurs choix ne sont pas faits avec intelligence, ou plutôt reconnaissons que c'est la concurrence qui s'est encore mêlée de la partie en dépit du bon sens. En effet, parmi les signes que nous venons d'indiquer beaucoup ont entr'eux des ressemblances qui peuvent facilement tromper les yeux ; nous ne disons pas que la loi puisse y trouver à redire, mais nous remarquons seulement que dans le commerce la concurrence a tué la loyauté ; nous constatons un abus qui peut être très préjudiciable à la savonnerie Marseillaise.

Nous arrivons à la fin de notre tâche : Elle n'a pas été aussi facile que ce qu'on pourrait bien le penser ; les documents épars qu'il nous a fallu consulter, nous ont nécessité des recherches souvent arides, quelquefois suivies d'une légère satisfaction que l'écrivain paie fort cher, mais que seul il sait comprendre et goûter dans toute sa plénitude.

Parmi les nombreux travaux faits sur les questions locales, l'histoire de la savonnerie n'avait été traitée que passagèrement et d'une façon trop vague. Quelques-uns s'attachaient spécialement à la statistique, d'autres aux contestations diverses survenues entre les savonniers et l'Octroi, d'autres enfin sous la raison d'étude Marseillaise avaient fait l'histoire de la savonnerie applicable aux cinq parties du monde.

C'est en considérant cet état de choses que nous avons eu la pensée d'écrire ces quelques pages qui deviendront les bases de l'histoire de la savonnerie à Marseille.

Nous savons bien que d'autres auraient fait un livre plus étendu, il n'est pas difficile d'amasser des procès-verbaux ou des rapports et de les mettre sous les yeux des lecteurs au grand risque de les énerver, tout en leur offrant de gros volumes.

Loin de viser à ce but, nous l'avons évité avec soin ; notre sujet ne demandant pas un cadre plus large nous avons laissé à d'autres le plaisir de compiler des documents qui n'éclairciraient en rien les explications succintes que nous venons de donner.

Ainsi que nous l'avions dit dans une circulaire adressée à nos souscripteurs, cet opuscule n'était pas destiné à être mis en librairie, si nous sommes revenu sur cette décision c'est à cause de diverses demandes qui nous ont été formulées par des amateurs de littérature locale. Nous n'avons donc voulu priver personne de cette brochure qui ne trouvera peut-être pas de nombreux lecteurs, mais qui aura cet avantage d'être utile aux fabricants de savons et d'être intéressante pour tous ceux qui s'occupent d'études marseillaises.

Nous avions, enfin, l'intention de joindre à notre travail une ou plusieurs planches représentant quelques marques de fabriques; si nous ne l'avons pas fait c'est que généralement les fabricants ne s'y sont pas prêtés.

On a, croyons-nous, considéré comme une vaine réclame ce que nous avions regardé comme un complément à notre histoire de la savonnerie Marseillaise.

On se permettra, sans doute, de critiquer notre forme et surtout les considérations libres dont nous avons fait suivre nos récits, tout cela nous importe peu, notre opuscule a été écrit sans parti pris, nous posant en observateur et non en savant.

Il nous a plu d'étudier l'industrie de la savonnerie à Marseille, parce que tout ce qui touche à la science dans notre pays nous intéresse particulièrement, et parce que la pensée d'être utile à nos compatriotes préside à toutes nos études.

DU MÊME AUTEUR

LE GROS SOUPER

OU

LES FÊTES DE NOEL A MARSEILLE

PRIX : 1 FRANC

NOTICE HISTORIQUE

SUR

LA CANEBIÈRE

PRIX : 1 FRANC

EN SOUSCRIPTION

LE QUARTIER DE SAINT-JEAN

A MARSEILLE

PRIX : 2 FRANCS

Les souscriptions doivent être adressées chez l'auteur, rue Saint-Savournin, 70

www.ingramcontent.com/pod-product-compliance
Ingram Content Group UK Ltd.
Pitfield, Milton Keynes, MK11 3LW, UK
UKHW031921260826
14628UKWH00003B/1341

9 782012 899780